Lk966

VILLE DE BESANÇON.

CÉRÉMONIE

FUNÈBRE

Célébrée à Besançon le 20 ventôse an 11, à la mémoire du Général LECLERC, beau-frère du premier Consul, mort à Saint-Domingue le 22 brumaire précédent.

LES Autorités civiles et militaires de la ville de Besançon, de concert avec M. l'Archevêque, voulant donner une preuve des regrets que la perte du brave général Leclerc leur fait partager avec toute la France, avoient arrêté de faire célébrer, en l'hon-

A

neur de sa mémoire, un service funèbre ter-
miné par son panégyrique.

La ville de Besançon avoit en conséquence
fait élever un tombeau au milieu de l'église
cathédrale; une pyramide surmontée d'une
urne recouvrant un cénotaphe sur lequel étoit
déposé un trophée militaire, étoit tout ce qui
composoit le monument. Sa simplicité, les
inscriptions qu'on y lisoit, tirées des livres
saints, inspiroient le deuil et la vénération.

A dix heures du matin du 20 ventôse,
toutes les Autorités civiles et militaires s'étant
réunies dans cette église, M. l'Archevêque
célébra une Grand'messe accompagnée de
toutes les cérémonies mortuaires d'usage,
et terminée par l'oraison funèbre du héros
de Saint-Domingue, prononcée aussi par M.
l'Archevêque, en ces termes:

ÉLOGE FUNEBRE

Du Général LECLERC, Capitaine-général de l'Ile Saint-Domingue,

Prononcé dans l'Eglise métropolitaine de Besançon, en présence des Autorités civiles et militaires, le 20 ventôse an II (11 mars 1803), par M. l'Archevêque de Besançon.

Habebo propter hanc (sapientiam) claritatem ad turbas, et honorem apud seniores juvenis; acutus inveniar in judicio, in conspectu potentium admirabilis ero...... et habebo immortalitatem.

Par la sagesse, je deviendrai illustre parmi les peuples; et jeune encore, je serai honoré des vieillards; l'on sera étonné de la sagacité de mon jugement; même aux yeux des puissances de la terre, je serai un objet d'admiration, et l'immortalité sera mon partage. *Sag., ch. 8, 10-12-13.*

S I l'esprit de Dieu qui est la source de toute vérité et de toute sagesse, n'a point hésité à louer, dans un des chefs d'Israël, ces rares

A

qualités et ces avantages précieux, pourroit-on
me blâmer d'oser, dans cette chaire évangéli-
que, les prendre aussi pour le sujet de l'éloge
de l'un des plus illustres généraux de la nation
française? Je l'avoue, cette cérémonie lugubre,
en nous rappelant la mort prématurée, inatten-
due, de ce héros, si jeune encore, et tombé au
milieu de ses plus brillans exploits, nous remet
devant les yeux, et toute l'instabilité de nos
jours, et tout le néant des grandeurs humaines.
Mais dois-je, en outrant la sévérité de mon saint
ministère, en conclure que la gloire des armes
n'est qu'un vain bruit; que les vertus civiles
sur lesquelles reposent l'harmonie, la sûreté
et le charme de la société, ne sont que des
noms frivoles; que l'étendue des connoissances
et l'élévation du génie ne sont que des lueurs
mensongères, indignes de l'encens du sage,
indignes sur-tout de l'hommage du chrétien?
Non, Chrétiens, mes frères, un semblable
langage ne sortira point de ma bouche; il
seroit bientôt justement démenti par ces oracles
mêmes du St. Esprit que je viens de vous faire
entendre.

Non, sans doute, ces dons extraordinaires
que, de distance en distance, le Ciel se plaît
à faire briller dans certains hommes privilé-
giés, ne seront jamais à nos yeux des choses

vaines et méprisables : je le sais, la gloire de
l'homme pécheur n'est qu'une vanité digne des
larmes de la religion; la grandeur de l'homme
ambitieux n'est pour lui qu'un malheur réel,
n'est souvent pour ses frères qu'un redoutable fléau ; mais l'homme pécheur, mais
l'homme ambitieux, ne sont pas l'ouvrage de
Dieu. Ce qui lui appartient, ce que nous de-
vons révérer dans les hommes illustres, comme
son ouvrage, ce sont ces faveurs singulières
qui les distinguent du reste des mortels : malheur à eux s'ils en abusent! Malheur à eux
si la perversité de leur cœur vient à les dénatu-
rer, à les empoisonner! Quel compte ils auront
à rendre au Dieu qui leur accorda ces brillantes qualités pour la gloire de son nom et pour
le bonheur de leurs concitoyens! Mais aussi
combien ces dons éminens du ciel, lorsqu'ils se
trouvent unis à une ame pure et sublime, deviennent précieux pour la sûreté des états, pour
la félicité des peuples, pour la défense de la
religion, pour la gloire de l'humanité entière!

Et cette importante vérité, mes très-chers
frères, dans quel jour ne fut-elle pas mise par
le grand homme dont la mort vient de causer
à notre patrie un deuil universel, et à qui
nous-mêmes nous venons rendre ici un hommage solennel et religieux! Oui , illustre

Leclerc, si le ciel fut envers vous prodigue
de ses plus nobles faveurs, avec quelle fidélité,
avec quelle sagesse votre grande ame répondit
aussi aux faveurs du ciel! Aujourd'hui que
vous êtes placé au dessus des fumées enivrantes
de la vanité, aujourd'hui que vous vous trou-
vez à l'abri du poison corrupteur de l'orgueil,
ne ponrrroit-il pas vous être permis, comme
au héros préconisé par la divine sagesse, de
nous dire aussi ? J'ai été un des premiers
hommes de mon temps pour la guerre, *habebo
claritatem ad turbas.* Malgré ma jeunesse,
j'ai conquis l'estime des hommes qui avoient
vieilli avant moi dans la carrière, *et honorem
apud seniores juvenis.* L'on admira la variété
de mes connoissances et l'étendue de mes
lumières, *acutus inveniar in judicio.* Les plus
puissans de l'Europe et de l'Amérique ont
applaudi à mes talens et à ma conduite, *in
conspectu potentium admirabilis ero.* Et j'ai
lieu de penser que mes services et mon nom
ne cesseront de vivre dans le cœur de mes
concitoyens, et dans les annales des deux
mondes qui ont été témoins de mes exploits :
et habebo immortalitatem.

Ce sont aussi, Messieurs, ces traits distinc-
tifs, ce sont ces caractères de valeur, de sa-
gessse et de lumière, ce sont ces titres à la

reconnoissance des français et à l'admiration
même des peuples étrangers, que je me
propose de mettre sous vos yeux, dans cet
éloge funèbre du Général Leclerc , capi-
taine général de Saint-Domingue, éloge que
vous attendiez d'un orateur plus habile , et
qui eût sans doute mieux répondu à la grandeur du sujet, et à l'attente de cette majes-
tueuse assemblée (1).

Le Général Leclerc vit le jour dans une
ville (2) voisine de la capitale, déjà distin-
guée dans les fastes de la nation, mais qui
lui devra désormais son plus beau lustre, sa
principale célébrité! Né au sein d'une famille
honnête, aisée et vertueuse, il y reçut cette
éducation solide et brillante, qui, même dans
les temps passés, l'eût mis de niveau avec les
jeunes gens les plus favorisés par le hasard de
la naissance ou par les faveurs de la fortune.

Dans l'âge où il se trouva capable de se

---

(1) Un des plus estimables ecclésiastiques de Besançon s'étoit chargé de l'oraison funèbre du Général Leclerc;
la maladie régnante l'ayant arrêté au milieu de son tra-
vail , nous avons tâché, dans le peu de jours qui restoient,
de le suppléer , par ce discours dont le public verra bien
que la composition a été précipitée.

(2) Pontoise.

A 3

sentir, de se connoître, de distinguer la nature de ses goûts, et l'impulsion de son génie, s'annonçoit déjà une de ces grandes, de ces prodigieuses, de ces épouvantables révolutions que le Seigneur tient en réserve dans les profonds trésors de sa vigilante et immortelle justice; une de ces révolutions avec lesquelles il se plaît, à des époques fixées par sa sagesse, à réveiller les humains trop enclins à s'endormir dans l'insouciante jouissance de ses bienfaits, et souvent hélas! dans l'ingrat oubli de sa bonté paternelle. O qu'il est grand, qu'il est majestueux, mais aussi qu'il est terrible, le Seigneur, lorsque son bras armé de la toute-puissance vient remuer ce monceau de poudre sur lequel il nous a placés; lorsqu'il vient frapper cette terre souillée par les crimes de ses enfans, ou ensanglantée par leurs divisions coupables! il regarde la terre, dit le prophète, et la terre tremble; il touche les montagnes, et les montagnes disparoissent en fumée (3).

Aussi, dans un instant, toute la France éprouva les secousses les plus convulsives; l'Europe elle-même fut agitée jusques dans ses

(3) *Qui respicit terram et facit eam tremere; qui tangit montes et fumigant.* Ps. 102-33.

régions les plus lointaines : que dis-je ? Le volcan allumé au sein de la France, se fit bientôt sentir dans les quatre parties du monde ; semblable à ces feux souterrains qui dévorent les entrailles de notre globe, et qui, dans quelques, minutes semblent le soulever et l'é-branler d'un pôle à l'autre.

On n'entendit donc par-tout que des cris de guerre, que des détails de combats, que des annonces de défaites ou de victoires.

A ces cris remuans, à cet ébranlement gé-neral, le jeune Leclerc se sentit entraîné vers cet art terrible que l'ami des hommes vou-droit anéantir pour toujours ; mais que la fu-reur de leurs passions ne cesse hélas de leur rendre toujours nécessaire.

Il servit d'abord sa patrie, confondu avec cette multitude de héros de tous les rangs et de tous les âges, que chaque jour voyoit paroître sur le sol français, tout armés, tout expérimentés, tout invincibles, et qui sem-bloient, aux yeux de l'Europe étonnée, réa-liser ce que l'histoire des temps fabuleux nous raconte de ces soldats sortant de terre, autour du premier fondateur de la fameuse Thèbes.

Ah ! que ne pouvons-nous suivre le jeune Leclerc, d'autant plus admirable dans cette carrière, que les traits de bravoure, d'intrépidité, d'héroïsme, à force d'y être multipliés, ne pouvoient tous être ni apperçus par l'œil de la renommée, ni publiés par ses trompettes, et que le soldat n'y avoit d'autre mobile de son généreux dévouement, que le désir de faire son devoir, ni d'autre prix du sang qu'il y versoit, que le témoignage de sa conscience d'avoir bien mérité de sa patrie.

Militaires français qui êtes ici présens, glorieux défenseurs de notre patrie qui vous doit tout, vous fûtes peut-être les dignes compagnons de Leclerc à cette époque reculée ! Ah ! ce seroit donc à vous de nous dire ce qu'il fit, de concert avec vous, dans cette carrière honorable sans doute, mais aussi alors si pénible et si périlleuse. Ce seroit à vous de nous raconter avec quelle docilité il étoit soumis à tous les points de la discipline militaire, avec quel respect il obéissoit à ses supérieurs, avec quelle constance il supportoit les privations de tous les genres, avec quel sang froid il bravoit les dangers sans cesse renaissans, avec quelle avidité il observoit tout ce qui se passoit autour de lui, tout ce qui tendoit à le former dans l'art redoutable dont il faisoit l'apprentissage, et dont il devoit un jour donner lui-même de si sublimes leçons. Dès-lors sans doute vous pressentites

vous-mêmes qu'il étoit né pour de grandes
choses ; et aujourd'hui avec nous vous donnez
de justes regrets, vous donnez des larmes
sincères à un héros qui vous estima, qui vous
honora, qui vous aima, qui vous soutint par
ses discours, qui vous anima par ses exemples.

Mais, comme dans cette immense multitude de corps lumineux qui, de la voûte
éthérée, dardent également sur notre globe
leurs rayons bienfaisans, il en est quelques-uns
qui, d'une manière plus spéciale, fixent l'attention des observateurs ; ainsi, dans les armées
même toutes composées de braves, il se
rencontre cependant de ces hommes dont les
talens et la conduite percent, pour ainsi dire
malgré eux, le voile d'uniformité dont ils
étoient couverts. Le Général Leclerc fut de
ce nombre ; ses qualités étoient trop brillantes
pour échapper à l'œil perçant de cet homme
prodigieux qui, à cette époque, commandoit
notre armée des Alpes, à ce héros unique
dans l'histoire des peuples, et dont l'ame
puissante et sublime sembloit, comme par
une attraction naturelle, attirer autour de
lui tous ceux qui étoient dignes de participer
à ses étonnantes destinées. Bonaparte distingua
donc le jeune Leclerc, il l'apprécia, il en
fit son aide-de-camp de confiance.

Ici, Messieurs, ne pourrois-je pas terminer cet éloge funèbre? Mériter si jeune encore l'intime confiance du héros de l'Italie ! Mériter d'être admis à ses pensées les plus secrettes, à ses spéculations les plus hardies, à ses projets les plus vastes, à cette profonde théorie d'attaques, de défenses, de marches, de campemens, de victoires, de conquêtes, d'exploits enfin qui ne sembloient devoir être croyables que pour le génie seul qui les avoit conçus! Quel honneur pour le jeune Leclerc !

Ce choix honorable, il le justifia, je ne dis pas par son inviolable attachement pour le grand homme qui l'avoit adopté, mais par les services distingués qu'il lui rendit, mais par la manière précise et heureuse dont il ne cessa d'exécuter ses ordres, mais par les nouveaux talens qu'il déploya à cette école du génie et de la gloire.

Aussi lorsque Bonaparte s'éloigna de son armée pour aller dicter aux princes coalisés les conditions d'une paix qui leur devenoit plus nécessaire encore qu'à la France elle-même, sur qui jeta-t-il les yeux pour en faire le chef de son état major? sur son aide-de-camp de confiance, sur le jeune Leclerc. Ce fut alors que celui-ci put vraiment s'appliquer ces paroles de notre texte : *Et habebo honorem apud seniores juvenis*. Malgré ma jeunesse je serai honoré des vieillar..

Dans ce poste si délicat, même pour un ancien militaire, même pour un officier consommé dans la connoissance des hommes et des choses, le général Leclerc montra tant de discernement, tant de prudence, un esprit si facile, un caractère si conciliant, une capacité si brillante, qu'à la place de l'envie et de la jalousie que sa jeunesse sembloit devoir appeler contre lui, il ne recueillit, auprès de ce vénérable corps de braves qu'il présidoit, que l'estime, que l'amitié, qu'une admiration loyale, capable seule d'assurer ses droits à la célébrité. *Et honorem apud seniores juvenis.*

Ce fut aussi vers ce temps, et ce fut sans doute comme la plus flatteuse récompense de son admirable conduite, qu'il obtint la main de la sœur de son Général ; et quel témoignage plus décisif de son estime celui-ci pouvoit-il lui accorder ? De quelle manière plus authentique, plus solennelle pouvoit-il annoncer le cas qu'il en faisoit ? Depuis long-temps le jeune Leclerc étoit son ami ; toute l'armée le croyoit ; mais cette amitié jusqu'à quel degré étoit-elle portée ? Un seul fait va le révéler: Bonaparte l'associe à sa famille, il en fait son frère. O nœuds doux et sacrés que même dans ces jours affreux de l'athéisme, que même au milieu des déclamations forcenées contre toute espèce de culte, qui retentissoient alors à ses propres oreilles, il eut la sainte audace de faire cimenter par la main d'une religion divine! O nœuds doux et sacrés, combien vous ajoutâtes au bonheur du Général Leclerc! mais aussi combien vous ajoutâtes à son enthousiasme pour les intérêts de son illustre frère, et pour la gloire de sa patrie dont les destinées sembloient dès-lors s'attacher aux destinées de ce grand homme!

O femme admirable! O digne sœur et épouse de deux héros déjà unis par les nœuds de l'estime et de l'amitié, mais que vous resserrates d'un lien plus intime encore et plus indissoluble, que n'avez-vous pu les conserver l'un pour l'autre! Pourquoi une mort si prématurée, pourquoi une mort si douloureuse!..... Mais n'anticipons pas sur un événement qui forceroit nos larmes de couler, et qui nous empêcheroit de continuer cet hommage à la mémoire de votre immortel époux.

A cette époque deux hommes extraordinaires sembloient partager entr'eux la suprême

gloire des armes, les trompettes de la renommée et l'attention de toute l'Europe. Le génie
de Bonaparte dominoit en Italie. Devant lui
fuyoient ces redoutables armées accourues au
secours des princes de cette belliqueuse contrée. Devant lui se brisoient l'orgueil des
anciennes républiques et les sceptres des rois.
La gloire de ce Général, telle qu'un astre sorti
récemment de la profondeur des cieux, fixoit
vers l'Italie tous les regards, tenoit tous les
esprits de l'Europe dans une anxiété de sur-
prise, d'étonnement, d'attente et de crainte;
et ce pays, orgueilleux d'avoir été jadis le
tombeau de tant de légions françaises, étoit,
devant ce rapide et majestueux conquérant,
dans l'état où l'écriture nous peint la terre
devant le redoutable vainqueur d'Arbelles.
Siluit terra in conspectu ejus (4). L'Italie,
saisie d'épouvante, se taisoit devant Bonaparte.

Au-delà du Rhin, Moreau à la tête d'une
autre armée de républicains français, poussoit
devant lui les vieilles cohortes de la Germanie,
battoit les généraux les plus accoutumés à
vaincre, faisoit tomber au pouvoir de la République les plus redoutables forteresses, se
jouoit des barrières jusqu'alors insurmontables

---

(4) *Maccab.* 1-3.

des fleuves et des montagnes, soumettoit des peuples nombreux et belliqueux, les forçoit d'alimenter son armée victorieuse, et portoit la terreur jusques sur le trône de l'Empereur des germains.

Ces deux armées sembloient rivaliser de courage et de gloire ; le succès que l'une venoit d'obtenir, étoit un gage certain du prochain succès de l'autre. A peine avoit-on décrété que l'armée d'Italie n'avoit cessé de bien mériter de la patrie, qu'il falloit préparer un semblable décret pour l'armée d'Almagne. Semblables à deux échos fidelles, elles ne cessoient de se provoquer et de se répondre par des cris de triomphes et de victoires.

Avide de connoissance comme de gloire, le Général Leclerc veut observer de près et par lui-même le brillant astre du nord : il se rend donc auprès de Moreau, ce second boulevard de la République; déjà il y avoit été devancé par l'éclat de sa propre réputation; il voit dans ce héros plus peut être encore que la renommée ne lui en avoit appris ; il ajoute à son admiration pour ce Général non moins modeste que profond : il en reçoit lui-même des témoignages d'une estime particulière; il trouve dans son armée des amis, des frères d'armes dignes de lui ; et une liaison qu'avoit commencée le bruit de leurs exploits réciproques, ils la confirment par le plaisir de se voir de près, par le plaisir de braver ensemble de nouveaux dangers, de combattre et de vaincre ensemble pour leur patrie.

Mais les besoins de cette patrie vinrent bientôt l'appeler dans une nouvelle carrière. L'infatigable Leclerc vole à l'armée de l'ouest. O ma patrie, que de tristes, que de déchirans souvenirs viennent ici affliger mon ame !

Dans ce pays infortuné où le citoyen armé contre le citoyen, le frère contre le frère, le père contre le fils, présentoient le spectacle le plus douloureux ; dans cette contrée où les routes furent long-temps jonchées de cadavres, où presque tous les champs recéloient des victimes françaises immolées par des mains françaises ; où chaque fossé étoit un rempart, où chaque buisson cachoit un fanatique assassin de ses frères, arrive le Général Leclerc, conduit par le génie de la bienfaisance et de la pacification : armé de tous les foudres de la guerre, il n'y développe cependant qu'un esprit d'ordre, de sagesse, de paix et de conservation ; mais que de travaux, que de fatigues n'eut-il pas à y essuyer ! A com-

bien de dangers ne fut-il point sans cesse exposé au milieu des feux d'une guerre la plus monstrueuse ! de quelle douleur ne fut point déchirée son ame humaine et sensible, à la vue des crimes et des maux dont il y fut constamment témoin ! et que ne fit-il point pour faire cesser ces épouvantables désastres ! la voix aimable de la persuasion, le ton imposant de la menace, l'art insinuant de la négociation, l'aspect terrible de l'extermination, il ne négligea rien pour ramener de leurs égaremens des hommes emportés par un double fanatisme qui les rendoit également sourds aux conseils de la raison et aux cris de la religion.

Mais c'étoit peu pour notre Général de remplir dans cette contrée, tout à la fois et le rôle du guerrier, et celui du négociateur : le hasard le montra encore aux yeux des Bretons étonnés, un très-habile administrateur.

Soit défaut de talens, soit défaut de zèle, le commissaire de l'armée s'acquittoit mal de ses importantes fonctions ; ses fautes ajoutoient encore aux souffrances du soldat. Le Général Leclerc prend sa place, il la remplit avec cette facilité, avec ce succès qu'à peine on eût pu attendre du plus long usage, de l'exercice le plus habituel. L'ordre

est

(19)

est promptement rétabli, tous les mécontentemens, tous les murmures cessent; et le Général Leclerc joint un titre de plus aux titres nombreux qu'il avoit déjà à l'estime, à la confiance, à la gratitude du soldat et du citoyen.

O vous que je vois ici au nombre des guerriers les plus révérés (5), vous qui partageâtes ses nobles périls dans ces régions désolées, quel témoignage ne pourriez-vous pas rendre à sa sagesse, à son zèle, à son activité, à son héroisme, toujours ardent, toujours éclairé! O immortel bienfaiteur du pays où le ciel plaça mon berceau, jamais mon cœur n'oubliera ce que vous fîtes pour mes infortunés compatriotes! ah! puissent les vœux de leur reconnoissance et de la mienne, accélérer pour vous la jouissance du bonheur suprême dont vos vertus vous rendent si digne!

Mais que de nouveaux travaux, que de nouvelles fatigues attendent encore cet homme de la patrie! un peuple égaré par cette nation non moins astucieuse que guerrière, le Portugal, au mépris de ses intérêts les plus évidens, méconnoît encore la puissante voix

(5) Le Général Doraison, ci-devant Commandant à Brest, et maintenant à Besançon.

B

de notre République ; il continue de favoriser
et les armes et le commerce du plus mortel
ennemi du nom Français.

Une armée formidable a ordre de faire
cesser ce scandale, d'ouvrir les yeux à une
nation estimable, mais trompée par les perfides
promesses ou par les menaces altières d'un
peuple, orgueilleux usurpateur de l'empire
des mers : mais cette armée doit passer sur
le territoire d'un peuple ami à qui l'on doit
les égards les plus distingués. Avec quelle
sagesse, avec quelles hautes précautions ne
doit-elle point être conduite ? il lui faut un
Général dont le nom connu inspire le respect,
dont l'autorité prudente et ferme contienne
le soldat, dont la vigilante sollicitude écarte
tous les abus, et rémédie à tous les accidens,
un Général dont les talens et les vertus
rendent cette expédition imposante, sure,
utile et honorable.

Une multitude de grands hommes, nés,
pour ainsi dire, de la révolution, ou du
moins perfectionnés et mis par elle dans une
évidence de mérite incontestable, se présentent au Gouvernement ; et entr'eux le
choix est difficile. Enfin le Général Leclerc
est préféré ; et bientôt toutes les vues de la
République sont remplies. Père tendre du

soldat dont les besoins deviennent ses besoins personnels, il lui procure une subsistance continuelle et abondante; rigoureux observateur de la discipline à laquelle son exemple autant que ses ordres assujettit toute l'armée, il fait respecter les droits, les usages, même les préjugés de nos alliés; il dissipe jusqu'aux dernières préventions des Espagnols et des Portugais, et à la place de cette crainte, de cette haîne qu'on leur avoit inspirées contre un peuple magnanime, il fait succéder l'estime, la confiance et l'admiration; il fait plus encore; deux souverains dont les états sont contigus, et à qui la voix de leur intérêt comme celle de leur sang commandoit de vivre dans un accord parfait, étoient divisés par les combinaisons d'un machiavélisme barbare; le Général Leclerc écarte les nuages que cette inhumaine politique avoit interposés entr'eux, rend à la nature ses droits sacrés, et rétablit entre le père et ses enfans, cette douce, cette précieuse harmonie qui peut seule assurer et leur puissance et leur bonheur.

Ah! n'ai-je donc point raison d'appliquer au Général Leclerc ces paroles de l'esprit saint ? *in conspectu potentium admirabilis ero*, même aux yeux des puissans de la terre je serai un objet d'admiration. Oui , généreux bienfaiteur de l'humanité , déjà vous avez conquis l'estime et l'admiration des hommes de tous les rangs ; déjà votre nom est dans toutes les bouches , et votre éloge retentit dans toute l'europe ; couvert de lauriers , mais aussi excédé de fatigues , livrez-vous enfin à un repos acheté par tant de campagnes péni-bles , par tant d'exploits mémorables !

Que dis-je ? l'ame ardente du Général Leclerc ne pourra se reposer que lorsque le dernier ennemi de la République , à qui sa vie entière est dévouée , aura posé les armes , et que l'enseigne d'une paix glorieuse et solide brillera sur toutes les parties du territoire français.

Au-delà des mers est une contrée fameuse, jadis entrepôt florissant du plus brillant com-merce ; cette Colonie qui fit couler de si abon-dantes richesses vers sa métropole , qui fonda au milieu de nous des maisons si opulentes, et qui nourrissoit encore les dernières espé-rances de tant de familles ruinées ; Saint-Do-mingue étoit en proie aux passions sombres et atroces d'un homme qui se proclamoit l'enfant le plus soumis de la République , et qui , en même temps, travailloit à ôter à cette République la plus intéressante de ses

Colonies; d'un homme dont la bouche ne
prononçoit que les mots sacrés d'humanité,
de religion, de fraternité et de paix, et dont
la main ne signoit que des ordres de diviser,
de détruire, de ruiner, d'incendier et d'assas-
siner : depuis long-temps cette île infortunée
sollicitoit, avec des cris lamentables, les secours de sa mère patrie.

Ces cris enfin retentissent au cœur sensible
et magnanime du premier Consul : c'en est
assez; les maux de Saint-Domingue vont finir.
Celui qui, dans la France, a comprimé toutes
les factions, celui qui, dans l'Europe, a
étouffé tous les feux de la guerre la plus
opiniâtre, abandonneroit-il plus long-temps
la fille aînée de la République aux fureurs
d'un noir machiavel qui se complaît à lui
déchirer les entrailles? Non, Bonaparte l'a
juré par sa gloire, non, Saint-Domingue ne
restera point sans secours; il charge l'homme
de sa droite de voler à sa délivrance; et déjà
le Général Leclerc va traverser les mers.

Mais que vois-je? à ses côtés une femme
intéressante, qui aux grâces de la jeunesse
joint tous les charmes de la vertu! O épouse
généreuse où courez-vous? Avez-vous songé
aux tempêtes de l'océan que vous allez braver?
Connoissez-vous du moins le climat où vous

portez vos pas? Pourrez-vous en supporter
les chaleurs dévorantes ? Et ces maladies
cruelles qui semblent y attendre les Euro-
péens, et ces brigands plus cruels encore que
les maladies! Quoi! Rien ne vous intimide!
Rien ne peut vous arrêter ! O moderne
Marguerite (6)! O femme admirable! O
mon Dieu , étendez sur elle et sur son
époux les ailes de votre protection! Qu'après
avoir ramené le calme et le bonheur dans
cette Colonie désolée, ils reviennent, brillans
de santé et couverts de nouveaux lauriers ,
recueillir , au sein de leur patrie, le juste
prix de leur courage et de leur dévouement!

Après une navigation laborieuse, le Général
Leclerc paroît enfin devant Saint-Domingue :
il découvre les pièges qu'on lui a tendus, et
les obstacles qu'on veut lui opposer: sa prudence lui fera éviter les uns, son courage lui
fera surmonter les autres. Avec moins de
rapidité, l'aigle du haut des airs, a apperçu
le lieu où il doit abattre son vol et poursuivre
sa proie, que le Général Leclerc, du haut du
vaisseau qui le porte, n'a découvert et assigné
les plages où doivent débarquer ses troupes
et pénétrer dans l'île.

_____

(6) Marguerite de Provence , épouse de S. Louis,
suivit ce Prince dans tous ses voyages d'outre-mer.

Lui - même s'avance audacieusement au
milieu du port, exposé à tous les feux des
rebelles; mais ces rebelles épouvantés fuient
la rage dans le cœur, détruisant, incendiant
tout ce que l'étonnante rapidité du soldat
français ne parvient point à soustraire à leur
fureur. O que de projets horribles! que d'in-
tentions infernales sont dévoilées dans ce jour!
O citoyens de Saint-Domingue, c'est en ce
moment que vous pouvez voir toute la profondeur des abymes creusés autour de vous!
A combien de poignards, à combien de morts,
à combien d'atrocités monstrueuses vous écha-
pez par la soudaine apparition de votre libérateur, et par la bouillante intrépidité des
héros qui marchent sous ses ordres!

Déjà le Général Leclerc est maître de la
place principale de l'île, déjà la flamme des
incendies est arrêtée; les noires cohortes de
dévastateurs s'éloignent; les bons citoyens
commencent à respirer; ils se pressent autour
de l'ange que le ciel envoie à leur secours;
et ces hommes qui, il n'y a que quelques
heures, ne voyoient devant eux que les plus
affreuses tortures, que la mort la plus inévi-
table, ouvrent enfin leurs cœurs à l'espérance,
et goûtent une joie d'autant plus pénétrante
qu'ils y avoient renoncé pour toujours. O

présence d'un grand homme, que vous êtes puissante! O qu'il est rapide, qu'il est heureux le changement que vous produisez!

Cependant loin de se reposer des fatigues d'une longue navigation et de celles d'une attaque qui a coûté tant d'efforts, le Général et son admirable armée ne s'occupent que des moyens de perfectionner une œuvre qu'ils ont si brillamment commencée; ils considèrent les endroits de l'île les plus exposés, les habitations les plus menacées, les forts qu'il est le plus instant d'arracher aux rebelles; bientôt le plan général est tracé; les postes qu'il faut occuper sont désignés; et chaque légion, chassant devant elle les brigands consternés, va camper dans le lieu même que la grandeur du danger sembloit rendre le plus inaccessible. O quel tableau l'histoire n'aura-t-elle point à nous offrir des veilles, des sollicitudes, des soins, des précautions, de la prudence constante et de l'activité infatigable du Général Leclerc, au milieu de ces hommes dont l'ame atroce étoit sans cesse agitée, sans cesse aigrie par des ressorts plus atroces encore!

Ces révoltantes manœuvres ne peuvent cependant détacher le Général français de ses principes d'humanité et de modération. Avec quelle scrupuleuse attention il ménage le

sang de ces rebelles, dont l'existence et la mort
sont également à redouter pour la Colonie!
Que de fois il leur offre un pardon généreux!
Par combien de menaces indulgentes il leur
montre le moyen d'éviter les foudres par
lesquelles leur obstination le forceroit à les
écraser! Que d'invitations paternelles il leur
fait entendre! Que de proclamations pathé-
tiques vont les chercher jusques dans leurs
repaires les plus obscurs! Par combien d'exemples alternatifs et de douceur et de sévérité,
il s'étudie à les rapeler à leur devoir! et cet
esprit d'humanité, de clémence, il semble
l'avoir communiqué à tous les officiers de son
armée : tous du moins manifestent les mêmes
sentimens ; tous ils voyent des frères dans les
hommes qu'ils combattent, tous ils regrettent
le sang que la nécessité de finir une guerre
si désastreuse, les force de répandre. Les
succès de l'armée n'en deviennent que plus
rapides et plus satisfaisans : plusieurs chefs
rebelles ne peuvent tenir contre des procédés
aussi généreux: vaincus par la loyauté autant
que par la bravoure française, ils se rendent
avec les hommes qu'ils ont sous leurs ordres :
l'ancien Gouverneur de l'île, ce traitre qui
avoit allumé les feux de cette guerre, et qui
voudroit encore les attiser, est lui-même réduit

à capituler ; et la vie est généreusement accordée à un homme contre qui le sang de tant de milliers d'hommes crioit vengeance ; et l'on traite avec humanité un homme couvert des crimes les plus révoltans pour l'humanité.

Saint-Domingue touchoit donc au terme de ses maux : l'armée et son chef étoient à la veille de recueillir le fruit le plus doux de leurs sueurs et de leur sang, la satisfaction et la gloire d'avoir fait succéder un calme heureux à la plus furieuse des tempêtes, d'avoir établi un ordre précieux, une admirable harmonie là où n'aguères l'on ne voyoit qu'un chaos d'agitations, de troubles, de forfaits et de désastres ; des ordonnances civiles et militaires, des réglemens inspirés par le plus sincère amour de l'humanité, et rédigés par la plus profonde sagesse, traçoient déjà les limites des pouvoirs, enchaînoient la licence, favorisoient la liberté, encourageoient l'industrie, ressuscitoient l'agriculture, appeloient le commerce, posoient les bases de la félicité générale, assuroient à la Colonie les destinées les plus brillantes, et joignoient, pour le Général Leclerc, au titre glorieux de rapide conquérant, le titre plus glorieux encore de bienfaisant réparateur.

Mais, ô vanité des espérances humaines! O profondeur des décrets de la divine Providence! à peine les volcans de la rebellion ont-ils cessé de vomir leurs flammes et leurs cendres dévastatrices, que de nouveaux fléaux viennent désoler et la colonie et l'armée! Des maladies nombreuses et cruelles semblent descendre de l'atmosphère avec les abondantes pluies qui en tombent, pour arroser ces brûlantes contrées ; et ces soldats français que n'avoient pu arrêter ni les excessives chaleurs du climat, ni les poignards empoisonnés des nègres en révolte, ni les douloureuses privations, inévitables dans un pays épuisé par tant d'années de ravages, succombent sous un mal d'autant plus accablant, qu'il semble ranimer le courage abbatu des ennemis de la chose publique: les perfides! ils avoient spéculé sur ce fléau dont ils connoissoient les retours périodiques, et ce n'étoit que pour l'attendre qu'ils avoient prodigué les gages mensongers d'une apparente soumission.

Cependant ils n'avoient point été les seuls prévoyans. Tandis qu'ils calculoient les suites terribles de cette dévorante épidémie, le Général Leclerc, à la sollicitude de qui rien n'échappoit, avoit aussi calculé les moyens de les arrêter; il avoit tout observé, il avoit tout préparé même contre ce nouvel ennemi, le plus redoutable de tous, que la saison lui annonçoit ; il veilloit à tout, il rémédioit à tout, et par les prodigieux efforts de sa prudence et de son activité, il soutenoit partout l'édifice de paix et de prospérité publique que, de concert avec son armée, il étoit parvenu à relever dans la colonie ; et les nouvelles tentatives des monstres jaloux de cette prospérité naissante, n'aboutissoient qu'à faire tomber leur dernier masque, qu'à les montrer de plus en plus indignes de l'extrême indulgence qu'ils avoient éprouvée de la part de leurs vainqueurs généreux.

Au milieu des ravages de la maladie et des nouvelles tourmentes que l'ennemi s'efforce d'exciter, l'armée et la colonie ne forment qu'un vœu, c'est que le ciel veille sur les jours de leur Général, c'est qu'il tienne éloigné de leur père commun le fléau qui les dévore elles-mêmes.

Hélas ! ce vœu n'est point écouté : un cri effrayant se fait entendre dans l'île : *le Général est atteint de la maladie :* il est bientôt suivi d'un cri plus effrayant encore : *les jours du Général Leclerc sont en danger.* O Dieu, protecteur de tout l'empire français, conservez-lui ce citoyen si nécessaire à sa gloire et à son bonheur ! Conservez ce héros de l'humanité, qui ne fait la guerre que pour ramener les peuples à la concorde et à la paix ! Conservez ce héros du christianisme qui, dans tous les temps et dans tous les lieux, s'est montré l'ami de votre religion, et qui, dans ces contrées, a relevé vos autels, a rétabli votre culte, a rendu à vos enfans la liberté de bénir publiquement votre nom adorable ! Conservez-le pour cette colonie à qui vous l'envoyâtes dans votre miséricorde, et qui attache encore ses destinées à l'existence de son bien-aimé libérateur ! Conservez-le pour ces familles désolées qui, arrachées par lui aux fureurs des poignards et aux flammes des incendies, se croiroient, en le perdant, replongées dans leurs premiers malheurs ! Conservez-le pour ce frère auguste qui le chérit, pour ce héros que vous avez établi le modérateur des peuples, et que les jouissances de l'amitié fraternelle aident à supporter l'immense poids de sa grandeur et de sa gloire ! Conservez-le sur-tout, conservez-le pour cette héroïque épouse qui donne à notre siècle corrompu un si touchant exemple de la piété conjugale ! Seigneur, écoutez ses gémissemens ! Laissez-vous fléchir par ses brûlantes larmes ! Voyez dans ses bras ce précieux fruit d'une union que

vous-même avez bénie ! Voyez ce tendre
enfant qui, avec sa mère éplorée, semble
vous demander la vie d'un père chéri !.....

Hélas ! le ciel est inéxorable ! l'heure fatale
a sonné..... Le Général Leclerc n'est plus......
O douleur ! ô consternation ! ô malheureux
Saint-Domingue ! ô infortunés colons ! ô vous
qu'il regardoit comme sa famille ! ô vous qu'il
chérissoit comme ses enfans, donnez un libre
cours à vos pleurs ! Hélas ! quel ami, quel
père tendre la cruelle mort vient de vous
enlever ! O France ! ô ma patrie, revêtez-
vous aussi de vos habits de deuil : quel citoyen
vous perdez ! et quel vide cette mort va laisser
dans la liste de vos héros et de vos défenseurs !
O vous illustres guerriers, qui n'êtes pas moins
sensibles que braves ! ô vous qui le connûtes,
qui vécûtes avec lui, qui admirâtes si souvent
la richesse de son esprit et la beauté de son
cœur, vous qui en tant d'occasions, cueillîtes
à ses côtés les palmes de la victoire ; vous
qui, sur le Mincio, repoussâtes avec lui les
efforts d'un ennemi acharné ; vous qui, dans
la terrible affaire de Salo, applaudîtes à sa
conduite brillante, et qui, dans la sanglante
journée de Roveredo, le vîtes couvert de
poussière et de gloire ; vous direz bien mieux
que nous à nos concitoyens, combien il fut

formidable sur les champs de bataille, et combien il fut aimable dans le commerce de la vie! vous leur direz avec quel enthousiasme il aima sa patrie, avec quelle sensibilité il chérit son épouse, ses enfans, sa famille et ses amis! vous leur direz combien lui sont dues les larmes que lui donnent nos cœurs; combien sont nombreux ses droits à l'immortelle reconnoissance des français, *et habebo immortalitatem.*

Pour nous, franchissant les étroites limites de ce monde périssable, nous remontons, par nos vœux, jusqu'à votre trône, ô Dieu des armées! et nous vous conjurons de répandre vos paternelles bénédictions sur cette veuve désolée : faites revivre pour elle et pour nous dans ce précieux enfant que ses bras vous présentent, le grand homme que vous venez de nous enlever! et lui-même Seigneur, et ce héros que nous pleurons, recevez-le au sein de ce vrai bonheur, au sein de cette véritable gloire dont vous êtes l'unique source; nous vous en conjurons par le sang adorable de la victime de propitiation que nous venons de vous offrir pour lui sur ces autels, accordez-lui cette ineffable récompense d'une vie qu'il a si généreusement prodiguée pour sa patrie : sans doute son nom ira de génération en

génération apprendre à nos neveux de quelle
manière ils pourront, même dans la fleur de
leur âge, se distinguer dans les champs de la
guerre : comment ils pourront se faire chérir
de leurs concitoyens, estimer des sages,
honorer des vieillards et admirer des puissans
de la terre ; sans doute, ses vertus, ses talens,
ses exploits, tous ses titres à l'hommage des
peuples seront gravés sur le marbre et sur
l'airain : mais les générations, Seigneur,
finiront ; mais le marbre et l'airain, vous les
anéantirez ; vous seul pouvez donner une vie
qui ne périra jamais ; c'est cette vie précieuse
que nous vous demandons pour lui ; inscrivez,
ô mon Dieu, inscrivez-le dans le livre de cette
vie immortelle ! et qu'après avoir, à son exemple, ici bas, rempli fidellement les devoirs de
l'état, que votre providence a fixé à chacun
de nous, nous puissions un jour nous joindre à lui
dans votre sein paternel, et, de concert avec
lui, vous bénir, vous glorifier dans la bien-
heureuse éternité ! Amen.

A BESANÇON,

DE L'IMPRIMERIE DE J. Fr. DACLIN,

Onzième année républicaine.